自分で
つくっちゃおう！

かんたん 手づくり
防災
グッズ

監修
木原実（気象予報士・防災士）

2 緊急編

はじめに

　日本は、世界の中でも特に災害が多い国といわれています。じっさい、地震や津波、大雨や台風など、毎年のようにいろいろな災害が起きていますね。

　大きな災害が起こると、水道や電気、ガスが止まってしまうこともあります。すると、ガスコンロを使って料理をしたり、部屋に明かりをつけたり、トイレやふろを使ったり……といった、いつもの生活ができなくなってしまうこともあるんです。このようなとき、パニックにならないためには、災害への「備え」が欠かせません。そのひとつとして、ぜひ取り入れてもらいたいのが、手づくりできる防災グッズです。

　この本では、災害のときに役立つさまざまなグッズのつくり方を紹介しています。材料は身近なものばかりなので、災害が起きて、ものが手に入りにくい状況でもすぐにつくることができます。災害が起きる前につくって使ってみたら、いざというときにも、あわてずに過ごせるはずです。

　災害はいつどこで起こるかわかりません。しかし、きちんと準備をしておくことで、みなさんの命やくらしを守ることができます。もしものときのために、今できる備えをする。この本が、そのきっかけになればうれしいです。

気象予報士・防災士　木原実

もくじ

工作

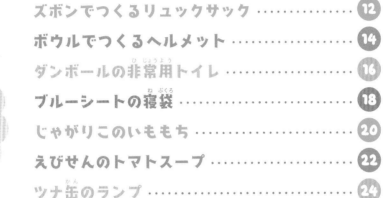

コラム

この本の見方

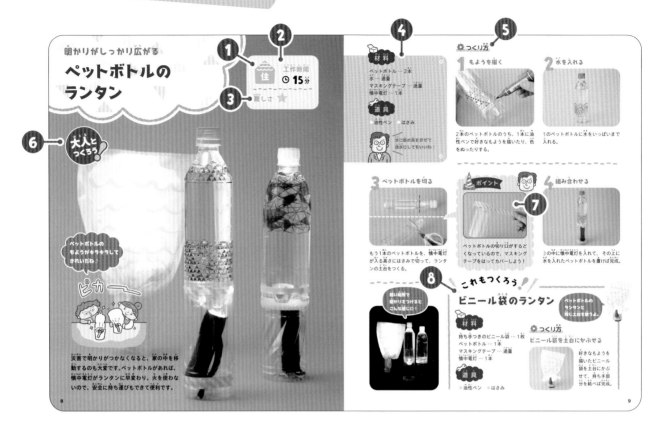

① アイコン

グッズのカテゴリーを示すマーク。身につけるものは「衣」、食べるときに使うものは「食」、住むうえで役立つものは「住」、おもちゃなどは「他」で示しています。

② 工作時間

完成までにかかる時間の目安。

③ 難しさ

1～3つの星マークで示した工作の難易度。数が多いほど、難しい工作になります。

④ 材料・道具

工作に必要な材料・道具の一覧。

⑤ つくり方

グッズのつくり方の解説。写真と文を合わせて確認しながら、順番通りに進めましょう。

⑥ 大人とつくろう！

火を使う工程がふくまれます。必ず大人といっしょにつくりましょう。

⑦ ポイント・注意

工作するときの注意点やポイントが書かれています。

⑧ やってみよう！・これもつくろう！

「やってみよう！」にはグッズの使い方のポイントが、「これもつくろう！」には関連するグッズのつくり方が書かれています。

つくり方で出てくる線

折り目線 ――――――
折り目を表す線

切り取り線 - - - - - - -
はさみやカッターで切る線

のりしろ ▨▨▨▨
のりをぬるところ、両面テープをはるところなどを示す線

谷折り線 - - - - - - - - -
折り目が内側になるように折る

山折り線 —・—・—・—
折り目が外側になるように折る

この本で使用する

基本の材料・道具

本書に出てくる材料や道具の中から、特によく使うものを紹介します。家にあるものばかりなので、すぐにチャレンジできますよ。

材料

新聞紙	**ペットボトル**	**牛乳パック**	**ゴミ袋**	**ポリ袋**	**ラップ**

ダンボール	**キッチンペーパー**	**アルミホイル**	**アルミ缶**

どこで手に入れるの❓

100円ショップやスーパー、コンビニ、ホームセンターなどで手に入るよ。大人と探してみよう。

道具

はさみ	**カッター**	**のり**	**セロハンテープ**	**ガムテープ**	**ペン**

えんぴつ	**つまようじ**	**プッシュピン**	**わりばし**	**ホチキス**	**じょうぎ**

工作するときの注意

使いなれない材料や道具でいきなり工作をはじめると、思わぬけがにつながることも。工作をはじめる前に、しっかりと読んでおきましょう。

大人に相談しよう

つくる前に、大人に話しましょう。家にある材料を使う場合は、使っていいものか必ず確認してください。

けがに気をつけよう

はさみやカッターなどの刃物や、先のとがったものを使う場合には十分注意しましょう。使わないときは必ず刃をしまいます。

火は大人と使おう

火を使う工作は、やけどや火事に十分気をつけましょう。また、必ず大人といっしょにつくったり、使ったりしてください。

道具は大切に

ゆかやつくえによごれや傷がつかないよう、新聞紙やダンボールをしきましょう。使ったあとはきれいにしてもどします。

もっと上手につくるために

工作のコツ

上手につくるコツをおさえてグッズをきれいに仕上げると、使いやすさがさらに増します。また、こわれにくくもなるため、災害のときも安心して使えます。

厚紙をきれいに折り曲げる

厚紙を折り曲げる前、はさみやカッターで軽くスジをつけるときれいに折れます。力を入れすぎて、切り取らないように気をつけましょう。

厚紙を折るときも、じょうぎを折り目にあてて折るときれいにできるよ。

はさみでまっすぐ切る

はさみの先ではなく、中心あたりを使ってゆっくり切ります。先だけを使って細かく切ると、切った線がガタガタになってしまいます。

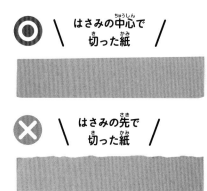

◎ ＼ はさみの中心で切った紙 ／

✕ ＼ はさみの先で切った紙 ／

きれいにはりつける

はりたいもののフチにのりをつけるときは、フチのギリギリではなく、少し内側につけます。そうすると、はりつけたときにのりがはみ出ません。

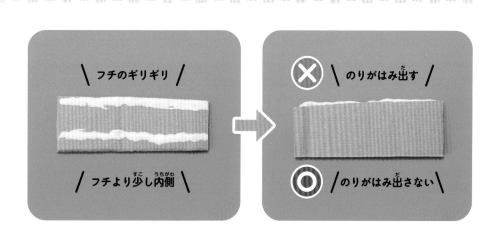

＼ フチのギリギリ ／

＼ フチより少し内側 ／

✕ ＼ のりがはみ出す ／

◎ ＼ のりがはみ出さない ／

明かりがしっかり広がる
ペットボトルの
ランタン

ペットボトルの
もようがキラキラして
きれいだね♪

ピカーー

災害で明かりがつかなくなると、家の中を移動するのも大変です。ペットボトルがあれば、懐中電灯がランタンに早変わり。火を使わないので、安全に持ち運びもできて便利です。

8

材料

ペットボトル … 2本
水 … 適量
マスキングテープ … 適量
懐中電灯 … 1本

道具

●油性ペン　　●はさみ

水に絵の具をまぜて
色水にしてもいいね！

つくり方

1 もようを描く

2本のペットボトルのうち、1本に油性ペンで好きなもようを描いたり、色をぬったりする。

2 水を入れる

1のペットボトルに水をいっぱいまで入れる。

3 ペットボトルを切る

もう1本のペットボトルを、懐中電灯が入る高さにはさみで切って、ランタンの土台をつくる。

ポイント

ペットボトルの切り口がするどくなっているので、マスキングテープをはってカバーしよう！

4 組み合わせる

3の中に懐中電灯を入れて、その上に水を入れたペットボトルを置けば完成。

暗い場所で
明かりをつけると
こんな感じに！

これもつくろう！

ビニール袋のランタン

ペットボトルの
ランタンと
同じ土台を使うよ。

材料

持ち手つきのビニール袋 … 1枚
ペットボトル … 1本
マスキングテープ … 適量
懐中電灯 … 1本

道具

油性ペン　　はさみ

つくり方

ビニール袋を土台にかぶせる

好きなもようを描いたビニール袋を土台にかぶせて、持ち手部分を結べば完成。

牛乳パックの
ホイッスル

衣

工作時間
⏱30分

難しさ ★★★

吹き口から
息を吹きこむと
音が鳴るよ！

ピ〜

ピ〜

助けを呼びたいときに役立つのがホイッスル。大声を出す代わりにホイッスルを吹けば、楽に自分の居場所を知らせることができますよ。いつも持っておきたいグッズです。

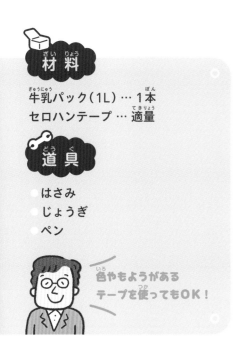

材料（ざいりょう）

牛乳パック（1L）… 1本（ぽん）
セロハンテープ … 適量（てきりょう）

道具（どうぐ）

● はさみ
● じょうぎ
● ペン

色やもようがある
テープを使ってもOK！

⚙ つくり方（かた）

1 牛乳パックを切る（きる）

6cm
9.7cm

牛乳（ぎゅうにゅう）パックをはさみで切り開（ひら）く。図（ず）の大きさに切り取り、横向きに置く。

2 線（せん）を引（ひ）いて切る

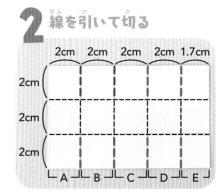

2cm	2cm	2cm	2cm	1.7cm
2cm				
2cm				
2cm				

L A B C D E

1に、じょうぎとペンで図（ず）のように線を引く。切り取り線をはさみで切り、谷折り線（たにおりせん）にそって折り目をつける。

3 折（お）り目（め）で立（た）たせる

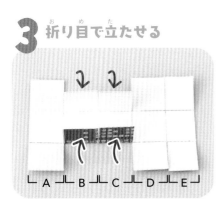

L A B C D E

2でつけた折り目（おりめ）にそって、B列（れつ）とC列（れつ）の牛乳（ぎゅうにゅう）パックを図（ず）のように立（た）たせる。

4 組（く）み立（た）てる

C列（れつ）の上（うえ）にB列（れつ）を重（かさ）ね合（あ）わせるように折（お）る。同じようにD列（れつ）を上（うえ）から重ね合わせて折り、箱（はこ）の形（かたち）にしていく。

5 テープでとめる

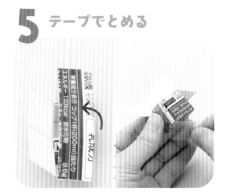

E列（れつ）を上（うえ）からかぶせるようにして4の上（うえ）に重（かさ）ね合（あ）わせ、側面（そくめん）から底（そこ）にかけてセロハンテープでとめる。

6 吹（ふ）き口（くち）をつくる

6でつくったところが吹（ふ）き口（くち）になるよ。

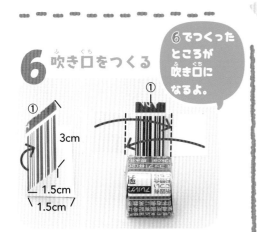

① 3cm
1.5cm
1.5cm

1の残（のこ）りから正方形（せいほうけい）を切（き）り、半分（はんぶん）に折（お）る（①）。①をA列（れつ）の上（うえ）に重（かさ）ね、左右（さゆう）を折（お）り、テープでとめる。最後（さいご）に①をぬく。

これもつくろう！
5円玉（えんだま）のホイッスル

あなに息（いき）を吹（ふ）きこんで鳴（な）らそう！

材料（ざいりょう）

消毒（しょうどく）した5円玉（えんだま）… 2枚（まい）
牛乳（ぎゅうにゅう）パック … 1本（ぽん）
セロハンテープ … 適量（てきりょう）

道具（どうぐ）

● はさみ
● じょうぎ

⚙ つくり方（かた）
5円玉（えんだま）と牛乳（ぎゅうにゅう）パックを合（あ）わせる

5mm×66mmに切り取った牛乳（ぎゅうにゅう）パックで輪（わ）をつくり、5円玉（えんだま）ではさみ、上（うえ）からセロハンテープでとめる。

ズボンでつくる リュックサック

こうさくじかん
工作時間
🕐 15分

むずか
難しさ ★★

水が止まると、給水車や給水施設まで水をもらいにいくことになります。重い水をもってたくさん歩くのは大変。そんなときにリュックサックがあると、重いものも運びやすくなります。

かた
肩ひもが太いから
おも
重いものも
はこ
運びやすいよ！

材料

ズボン（大人用Lサイズ）… 1着
ひも … 1.5〜2m
ガムテープ … 適量

大人用のズボンでつくるといっぱいものが入るよ！

✿ つくり方

1 すそを折る

ズボンのおなか側を表にして置く。両方のすそを持ち上げて、ひざの辺りで谷折りする。

2 ズボンを結ぶひもをつくる

ズボンを結ぶひもは、先がほつれないようにガムテープを巻いておく。

3 すそをひもで結ぶ

左右のすそを、2でつくったひもできつく結ぶ。

4 ひもをベルトループに通す

ひもの片方を右のベルトループに、もう片方を左のベルトループに通す。

5 うら側もひもを通す

うら返したら、左右のひもを中央のベルトループに交差させて通す。

6 ひもを結ぶ

ひもを引っぱり、ズボンのはき口をしぼる。ひもをちょうちょう結びにして完成。

やってみよう！

リュックサックの背負い方

3でできた輪の中にうでを通す。

反対の輪にも、うでを通す。

ボウルでつくる ヘルメット

衣 工作時間
⏱ 15分

難しさ ⭐

頭を守ることは、防災の基本中の基本。避難中に高いところからものが落ちてきたり、風でものが飛ばされてきたりしても、ヘルメットが頭を守ってくれます。

ボウル

ステンレス
ボウルだから
衝撃に強いよ！

ハンドタオル（30cm×30cm）
　　… 1枚
ガムテープ … 適量
ステンレスボウル（直径20cm）
　　… 1個
ふろしき（70cm×70cm）
　　… 1枚

ふろしきは大きめの
サイズを選ぶと
あごの下で結びやすいよ。

⚙ つくり方

1 ハンドタオルを折る

ハンドタオルを4つ折りにして、開かないようにガムテープでとめる。

2 ガムテープをはる

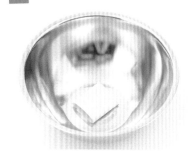

ガムテープを粘着面が表側になるように輪にして、ステンレスボウルの底にはる。

3 ハンドタオルを入れる

ハンドタオルをステンレスボウルに入れ、底に軽くおしつけてはる。

4 ふろしきの上に置く

3を広げたふろしきの中心に置く。

5 ふろしきを折りたたむ

ふろしきの角を、ステンレスボウルにかぶせるようにして折りたたむ。

6 さらに折りたたむ

同じように、反対側のふろしきの角を中心に向かって折りたたむ。

ポイント

ふろしきの角のうらにも、2のように輪にしたガムテープをはると、ふろしきがずれないよ。

7 頭にかぶせる

ふろしきの両はしが耳の横にたれるように、ステンレスボウルの部分を頭にかぶせて、あごの下で結んだら完成。

水道が止まったときにも使える

ダンボールの
非常用トイレ

住　工作時間
⏱ 35分

難しさ ★★★

使い終わったら
中の袋を
取りかえよう♪

災害時は水道が止まり、思うようにトイレに行けないことも多くあります。ダンボールでできる非常用トイレのつくり方を知っておくと安心ですよ。

材料

ダンボール箱（たて38cm×
　　横52cm×高さ32cm）… 2個
ダンボール板
　　（たて37cm×横51cm）… 1枚
バケツ … 1個
ガムテープ … 適量
ゴミ袋（30〜45L）… 2枚

道具

● カッター　● じょうぎ
● ペン

⚙ つくり方

1 ダンボール箱を切り開く

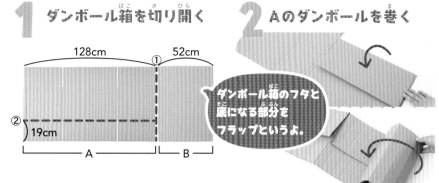

128cm　　52cm

① ②

19cm

A　　B

1個目のダンボール箱を図のように切り開き、①にそってBを切る。さらにAの下のフラップを②にそって切る。

2 Aのダンボールを巻く

ダンボール箱のフタと底になる部分をフラップというよ。

Aのダンボールの上のフラップを折り目にそって谷折りする。図のように巻いて、やわらかくする。

---

3 バケツに巻きつける

Aのダンボールを、バケツに巻きつけてガムテープでとめる。バケツにゴミ袋を入れ、あまった部分を結ぶ。

4 外ブタをつくる

これがトイレの外ブタになるよ。

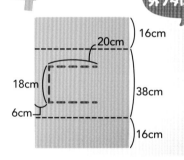

16cm
20cm
18cm
38cm
6cm
16cm

Bのダンボールに、じょうぎとペンで図のように線を書く。切り取り線にそってカッターで切り、谷折り線で折る。

5 中ブタをつくる

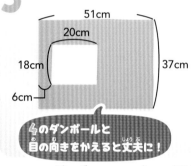

51cm
20cm
18cm　　　37cm
6cm

4のダンボールと目の向きをかえると丈夫に！

ダンボール板を図のように切る。中心のあなは4の外ブタと同じ位置につくる。これが中ブタになる。

---

6 組み立てる

2個目のダンボール箱を組み立て、フラップを内側に入れこむ。3のバケツを入れ、上に5の中ブタをのせる。

7 フタを取りつける

6に4の外ブタをかぶせて、両はしの2か所をガムテープでとめたら完成。

8 ゴミ袋を重ね入れる

ちがうサイズのダンボールでも基本的なつくり方は同じだよ。

使うときは、あなの部分にゴミ袋を重ねて入れる。

体をすっぽり包みこむ！
ブルーシートの寝袋

寝袋の中の
新聞紙が寒さから
守ってくれるんだ！

寒い時期は体が冷えてねむれなかったり、かぜをひきやすくなったりします。寝袋は全身を包んでくれるため、毛布や大きめのタオルと組み合わせて使えば、夜も暖かく過ごせますよ。

ブルーシート
（180cm×180cm）… 1枚（まい）
ガムテープ … 適量（てきりょう）
新聞紙（しんぶんし）… 2枚（まい）

新聞紙（しんぶんし）の上（うえ）にタオルを
しくと使（つか）い心地（ここち）が
よくなるよ！

⚙ つくり方（かた）

1 ブルーシートを折（お）る

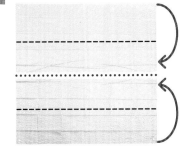

ブルーシートを広（ひろ）げ、図（ず）のように上下（じょうげ）から中心（ちゅうしん）に向（む）かって谷折（たにお）りする。

2 さらに内側（うちがわ）に折（お）る

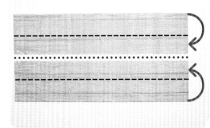

1と同（おな）じように、上下（じょうげ）から中心（ちゅうしん）に向（む）かってもう一度（いちど）谷折（たにお）りする。

3 はしを折（お）ってまとめる

ブルーシートの右（みぎ）はしを持（も）ち、山折（やまお）りと谷折（たにお）りをくり返（かえ）して、じゃばら折（お）りする。

4 ガムテープでとめる

まとめた部分（ぶぶん）をガムテープでとめる。

5 左（ひだり）はしをまとめる

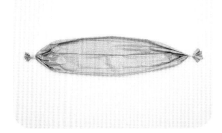

ブルーシートの左（ひだり）はしも、じゃばら折（お）りして、ガムテープでとめる。

6 ブルーシートを開（ひら）く

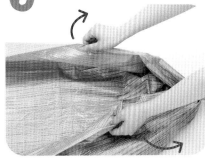

ブルーシートをめくり、外側（そとがわ）に向（む）かって開（ひら）く。

7 新聞紙（しんぶんし）を用意（ようい）する

広（ひろ）げた新聞紙（しんぶんし）の四隅（よすみ）に、粘着面（ねんちゃくめん）を表側（おもてがわ）にして輪（わ）にしたガムテープをはる。同（おな）じものを2枚（まい）用意（ようい）する。

8 ブルーシートの中（なか）にはる

開（ひら）いたブルーシートの底（そこ）に、ガムテープをはった面（めん）を下（した）にして、7の新聞紙（しんぶんし）を2枚（まい）ならべてはったら完成（かんせい）。

いつものおかしが大変身！
じゃがりこの いももち

大人と
つくろう！

おかしを食べると元気になれるのは、災害のときも同じです。そのまま食べてももちろんおいしいですが、少し工夫すると新しいおやつに！ つくる時間も楽しめます。

じゃがいも
だから
満腹感もあるよ！

いただきまーす！

20

材料

じゃがりこ… 1個
湯… 適量
片栗粉… 大さじ2
油… 適量

 道具

● 耐熱容器
● スプーン
● 計量スプーン(大さじ)
● フライパン
● わりばし

1 耐熱容器に入れる

じゃがりこを耐熱容器に入れる。

2 湯を入れる

じゃがりこがひたるくらいまで、湯を入れる。

3 スプーンでつぶす

2〜3分ほど置き、じゃがりこがふやけてきたらスプーンのうら側でおしつぶす。

4 片栗粉を入れる

水気がなくなってきたら片栗粉を入れて、粉っぽさがなくなるまでスプーンでまぜる。

5 3個に分けて丸める

まざったら3等分にして、1個ずつ丸める。

6 表面を焼く

フライパンの底に火がふれるくらいが中火だよ。

フライパンを温めて油をひき、5を並べて3分ほど中火で焼く。

7 うら面を焼く

わりばしを使ってうら返し、さらに2分ほど中火で焼く。

8 皿に盛りつける

焼き目がついたら火を止めて、皿に盛りつけたら完成。

かんたんに栄養が補える

えびせんの
トマトスープ

工作時間
⏱ **15**分

難しさ ★

大人と
つくろう！

温かいものを
食べると
ほっとするね♪

避難所の食事は米やパンが多く、野菜や温かいものがしばらく食べられない生活が続きます。長期間保存できるトマトジュースと、えびせんをいっしょに温めるとおいしいスープになりますよ。

材料

えびせん … 40本（約25g）
水 … 100mL
トマトジュース … 200mL
コンソメ（キューブ） … 1個
コーヒーフレッシュ … 1個

道具

- チャックつきポリ袋
- 片手なべ
- スプーン

⚙ つくり方

1 えびせんをくだく

塊が残っていると
ダマになるので
しっかりくだこう。

えびせんをチャックつきポリ袋に入れて、粉末になるくらいまでくだく。

2 水を入れる

片手なべに水を入れる。

3 トマトジュースを入れる

なべの底に火が
ギリギリふれない
くらいが弱火だよ。

トマトジュースを入れ、弱火で温める。

4 えびせんを入れる

くだいたえびせんを片手なべに入れる。

5 スプーンでかきまぜる

えびせんがダマにならないように、スプーンでよくかきまぜる。

6 コンソメを入れる

コンソメを入れて、かきまぜてとかす。ふっとうしたら火をとめる。

ポイント

味見をしてうすく感じたら、塩こしょうを足して味をととのえよう！

7 器に盛りつける

スープを器に盛りつけて、仕上げにコーヒーフレッシュをかけたら完成。

ツナ缶のランプ

住 工作時間 ⏱ **20**分

難しさ ★★

大人と
つくろう！

非常用食料にツナ缶を用意しておくと、ランプとしても使えます。長ければ1時間近く火がつくため、停電が長時間続くときも心強いですね。

1個でも
手元を明るく
してくれるよ。

材料

ティッシュ … 1枚
ツナ缶（油づけタイプ）… 1個
※ノンオイルのツナ缶では火がつかないため、必ず油づけタイプを使いましょう。

油づけの缶なら、
イワシやサバなど
ツナ以外でもOK！

⚙ つくり方

1 ティッシュを切る

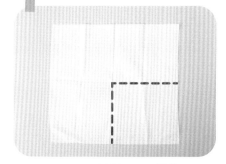

ティッシュを4等分し、1枚分をはさみで切り取る。

2 ティッシュをねじる

ティッシュを細長くねじって「こより」をつくる。片方のはしを2cmほど残す。

3 ツナ缶をあける

ツナ缶のフタをあける。このとき、フタはすてずにとっておく。

🔺 注意

ツナ缶のフチにふれると、指が切れてしまうことがあるよ！必ず缶の側面に指をそえてね。

4 こよりをひたす

こよりのねじった方をツナ缶の油にひたし、しばらく油をすわせる。

5 フタをもどす

3であけたツナ缶のフタを、ツナ缶の内側におしこむようにしてもどす。こよりの先は5cmほど外に出しておく。

6 こよりをあなに通す

プルタブのあなに、こよりの先を通したら完成。

🔺 ポイント

使うときはこよりの先に火をつけてね。パチパチ音がしたり、黒いけむりが出たりすることがあるけど、数分待つとおさまるよ。

新聞紙でつくるクッション

住

工作時間
🕐 **15分**

- - - - - - - - - -

難しさ ⭐

ぐ〜ぐ〜

寝ころんだときの
まくらとしても
使えるね！

避難所の固いゆかにすわり続けていると、だんだん体がいたくなってきます。新聞紙のクッションならサッとつくれて、体を楽にしてくれますよ。

材料

ゴミ袋（45L）… 1枚
新聞紙 … 8枚

ツルツルした手ざわりの**ゴミ袋なら音が**気になりにくいよ！

⚙ つくり方

1 ゴミ袋に新聞紙を入れる

折り目がある方を先に入れよう。

ゴミ袋の中に、新聞紙1枚を2つ折りにして入れる。

2 新聞紙を丸める

新聞紙7枚を、それぞれくしゃくしゃに丸める。固く丸めず、ふんわりとさせるのがポイント。

3 丸めた新聞紙をつめる

2で丸めた新聞紙を、1の新聞紙の間につめる。

4 ゴミ袋を折りたたむ

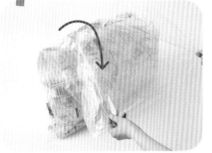

ゴミ袋を半分に折りたたむ。

5 両はしを結ぶ

開き口の右はしと、袋の底の右はしを結び合わせる。左側も同じように結んで完成。

やってみよう！

クッションの上からタオルをかぶせると、使い心地がよくなります。タオルの両はしをゴムひもなどで結べば、使っている間もタオルがずれません。

クッションがつぶれてきたら、中に入れている新聞紙を取りかえましょう。古い新聞紙は非常用トイレ（P16）のバケツの中に入れると、トイレを使ったあとのにおいがやわらぎます。

電池が足りないときに使える

単3電池でつくる 単1電池

完成した電池は
単1電池として
使えるよ！

やった！
ついた！

ラジオや大きい懐中電灯など、防災用品には欠かせない単1電池。
しかし、緊急時にはなかなか手に入らないこともあります。そんな
ときは、単3電池を単1電池に変えてみましょう！

⚙ つくり方

1 アルミホイルを丸める

単3電池と同じ直径（約1.5cm）になるように、アルミホイルをつつ状にしっかりと丸める。

ポイント

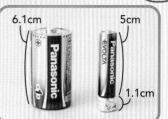

6.1cm　　5cm

1.1cm

単3電池を単1電池と同じ高さにするため、アルミホイルの高さは1.1cmに調節しよう!

2 ガムテープで巻く

電池と
アルミホイルを
完全にかくすよ。

単3電池のマイナス側に1のアルミホイルを重ね、ガムテープで2つをまとめて巻く。

3 ダンボール板を切り取る

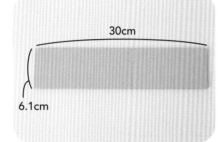

30cm

6.1cm

ダンボール板を図のようにはさみで切り取る。

4 電池に巻きつける

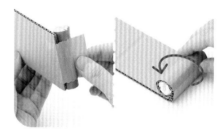

2を3のはしにガムテープで固定して、ダンボール板に巻きつける。

5 ダンボール板を調節する

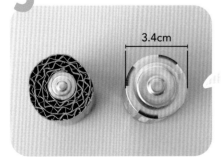

3.4cm

4が単1電池と同じ太さになるまでダンボール板を巻きつける。

ポイント

ダンボール板があまったら、はさみで切って調節しよう。

6 ダンボール板をとめる

巻き終わったダンボール板をガムテープでとめたら完成。

ペットボトル
シャワー

工作時間
🕐 **10**分

難しさ ⭐

おすときの
力かげんで水の
量を変えられるよ。

ペットボトルからそのまま水を流すと、うっかり
使いすぎてしまいがちです。じつは、ペットボト
ルのフタにあなをあけるだけで、水の量をかんた
んに調節できるグッズがつくれるんですよ。

材料

ペットボトル … 1本
マスキングテープ … 適量
水 … 適量

道具

● ペン
● プッシュピン

⚙ つくり方

1 印をつける

ペットボトルのフタに、図のようにペンで印をつける。

2 プッシュピンを刺す

プッシュピンが指に刺さらないようにつくえの上に置いて刺そう!

プッシュピンを1の印に合わせて刺しこんで、あなをあける。

3 マスキングテープをはる

ペットボトルにかざりのマスキングテープをはりつける。

4 水を入れる

3に水を入れて、あなをあけたフタをしめて完成。
※見やすくするために色水を使っています。

使うときは逆さにして、ペットボトルをおして水を出してね。

やってみよう!

けがをしたときは、ペットボトルを強めにおして水の勢いを利用し、傷口をきれいにしましょう。シャワーのように水が広がるので、少ない水でも、よごれや血をしっかりと洗い流せます。

あなの数がちがうフタをチャックつきの袋に入れて持ち歩くと便利です。あなの数が多いものは手を洗うとき、少ないものは傷を洗うときなど、目的によって使い分けましょう。

コーヒーフィルターの消臭剤

工作時間
🕐 **15**分

難しさ ★

においが気になる
衣服といっしょに
入れておこう！

避難生活中は、ふろや洗たくの回数が減り、服やくつのにおいが気になってきます。コーヒーフィルターとにおいをおさえる効果のある重曹を使い、消臭剤をつくってみましょう。

材料

コーヒーフィルター … 1枚
重曹 … 大さじ2
麻ひも … 適量
ワイヤーつきのかざり … 適量

道具

- はさみ
- 計量スプーン(大さじ)

⚙ つくり方

1 重曹を入れる

コーヒーフィルターの中に、重曹を入れる。

2 口を束ねる

コーヒーフィルターの口を、山折りと谷折りをくり返して束ねる。

3 麻ひもで結ぶ

麻ひもでコーヒーフィルターの口を結ぶ。あまった麻ひもは、はさみで切って長さを整える。

ポイント

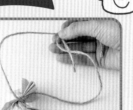

麻ひもを長めにすると、キーホルダーのようにぶら下げられるタイプになるよ!

4 かざりをつける

ワイヤーつきのかざりを麻ひもに巻きつけて完成。

かざりつけを工夫すると、人形みたいになるよ!

これもつくろう!

アロマオイルの香り袋

材料

コットン … 1枚
アロマオイル
　(好みの香り) … 10滴
コーヒーフィルター … 1枚
麻ひも … 適量

道具

- はさみ

⚙ つくり方

オイルをたらしたコットンを入れる

消臭剤のつくり方2~4と同じように仕上げよう。

コットンにアロマオイルをたらし、かわかす。それをコーヒーフィルターに入れて、麻ひもで結ぶ。

牛乳パックの
うちわ

工作時間
🕐 **20**分

難しさ ★★

人が集まる避難所は、室内の温度が上がりやすい場所です。特に夏の避難生活では、エアコンが使えないことも多く、熱中症の危険がグンと高まります。うちわを使って、しっかり体を冷やしましょう。

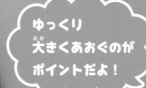

ゆっくり
大きくあおぐのが
ポイントだよ！

ハァ〜〜
すずしい〜

パタ
パタ

材料

牛乳パック（1L）… 1本
マスキングテープ … 適量
わりばし … 1本
ガムテープ … 適量

道具

● はさみ
● ペン

⚙ つくり方

1 牛乳パックを切り取る

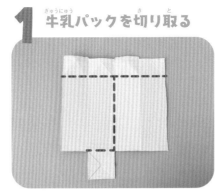

牛乳パックをはさみで切り開き、図のように長方形を2つ切り取る。

2 好きな形に切る

切り取った牛乳パックのうち、1枚を好きな形に切る。

3 同じ形に切る

2をもう1枚の牛乳パックの上に、パッケージの表面が向かい合うように置く。ペンでフチをなぞり、はさみで切る。

4 もようを描く

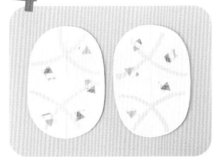

2枚の牛乳パックにペンでもようを描いたり、マスキングテープをはったりしてかざる。

5 持ち手をつくる

わりばしにマスキングテープを巻きつける。

6 わりばしをはりつける

もようを描いた牛乳パックのうちの1枚に、**5**をガムテープではりつける。

7 ガムテープをはる

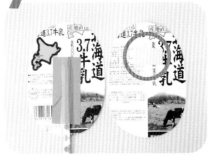

もう1枚の牛乳パックに、粘着面が表側になるように輪にしたガムテープをはりつける。

8 はり合わせる

2枚の牛乳パックをはり合わせる。フチに、マスキングテープをはりつけたら完成。

バッグとしても収納としても使える

新聞紙でつくる手さげ

もらった食料や
防災グッズを
入れられるよ！

避難所でもらうおにぎりやパンなど、ちょっとしたものを持ち運ぶのにぴったりな手さげ。スペースがかぎられた避難所での身の回りの整理にも役立ちます。

材料

新聞紙… 2枚
ガムテープ … 適量

色つきのガムテープで
つくるときれいだよ！

1 新聞紙を折る

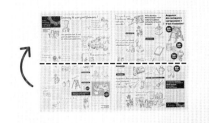

新聞紙1枚を図のように谷折りする。

2 ガムテープでとめる

上をガムテープでとめる。

3 横半分に折る

図のように横半分に山折りする。

4 右側をとめる

右側をガムテープでとめる。

5 折り目をつける

図のように、谷折り線にそって折り目
をつける。

6 三角形に折りたたむ

重なった新聞紙のすき間に手を入れて、
5の折り目にそって開き、まず右側を
三角形に折りたたむ。

7 左側を折りたたむ

左側も同じように折りたたみ、図のよ
うな形にする。

8 下から上に折る

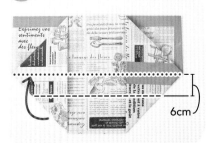

6cm

図のように、中心から6cmほどのとこ
ろを谷折りする。

9 上から下に折る

7cm

図のように、中心から7cmほどのところを谷折りする。

10 重なった部分をとめる

ここが手さげの底になるよ。

8と9の重なった部分をガムテープでとめる。

11 本体の形を整える

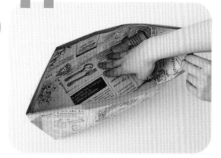

上から手を入れ、内側からおし広げて手さげの底の部分をつくる。これで本体は完成。

12 新聞紙を切る

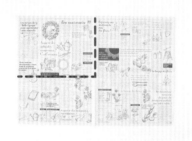

もう1枚の新聞紙を4等分に折り、そのうちの1枚分を切り取る。

13 半分に折る

12の新聞紙を図のように谷折りする。

14 さらに半分に折る

新聞紙をさらに図のように谷折りする。

15 厚みをつくる

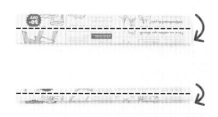

新聞紙をさらに図のように2回谷折りして、厚みをつくる。

16 中心をとめる

8cm

中心にガムテープを巻きつける。

17 右側を折る

ガムテープでとめた部分に対し、ななめに谷折りする。

18 左側を折る

手さげの
持ち手が
できあがったよ！

左側も同じようにななめに谷折りする。12〜18をくり返し、同じものをもう1本つくる。

19 本体につける

本体の内側に、持ち手をガムテープでとめる。

20 反対側にもつける

もう1本の持ち手を反対側にはりつけて完成。

⚙ 四角い手さげのつくり方

1 側面を折りこむ

11まで同じように折ったら、側面の折り目を逆にして内側に折りこむ。

2 反対側も折りこむ

反対側の側面も同じように折りこみ、本体を四角形に整える。

3 持ち手をつける

12〜20と同じように持ち手をつくり、本体につけて完成。

やってみよう！

わっ…！

ブチッ

手さげにおにぎりやパンなどを入れて、じっさいに持ち運んでみましょう。ペットボトルの水などを入れすぎると、重さでやぶれることもあるので注意。

持ち手をつけないで、ものを入れるための収納ボックスやゴミ箱として使ってもOK。新聞紙なので、よごれてもそのまますてられます。

ダンボールの パーテーション

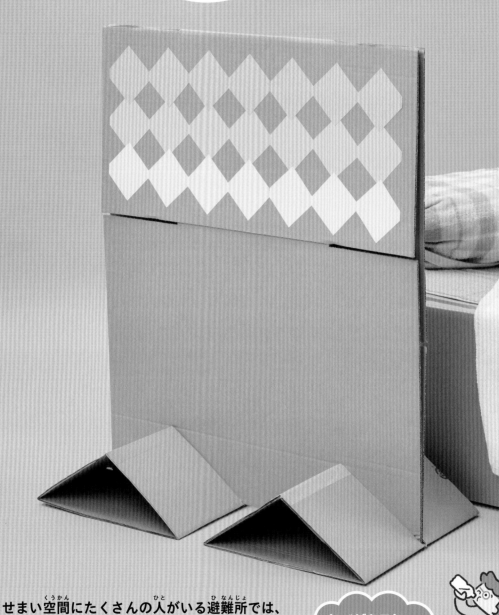

せまい空間にたくさんの人がいる避難所では、ほかの人の目や音が気になってしまいます。パーテーションがあれば、まわりの視線をさえぎることができて、ゆっくり過ごせます。

> かべがあると
> となりを気にせず
> 過ごせるね！

材料

ダンボール箱（たて35cm×
横50cm×高さ34cm）… 2個
ガムテープ … 適量

道具

● カッター

ちがうサイズの
ダンボールでも
同じようにつくれるよ！

つくり方

1 ダンボール箱を切り取る

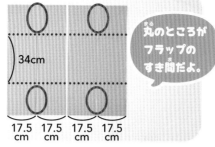

34cm

丸のところが
フラップの
すき間だよ。

17.5 cm　17.5 cm　17.5 cm　17.5 cm

1個目のダンボール箱を、図のように
フラップのすき間が中心にくるように
2枚切り出す。これが土台になる。

2 折り目をつける

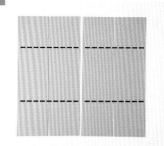

ダンボール箱についているフラップに
そって折り目をつける。

3 左の山をつくる

左側のダンボールを、折り目にそっ
て谷折りし、山の形になるようにガム
テープでとめる。

4 右の山をつくる

ここのすき間を
あけておくよ！

右側も谷折りして、山の形になるよう
にガムテープでとめて、土台の完成。
中心のすき間はあけておく。

5 ダンボールを差しこむ

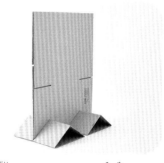

4の土台を2つつくり、2個目のダン
ボール箱をたたんだまま、土台のすき
間に差しこんで完成。

やってみよう！

S字フックを引っ
かけると、新聞紙
の手さげ（P36）の
ような軽いものを
かけられます。重
いものをかけると、
パーテーションが
たおれてしまうの
で注意しましょう。

パーテーションに
メモをはれば、家
族や友だちどうし
の伝言板代わりに
もなります。伝言
板があると、自分
のスペースからは
なれても居場所が
伝えられます。

ゆかで寝るよりもつかれが取れる！

ダンボールの ベッド

ゆかで寝るよりも
衛生的で
リラックスできる！

避難所の固いゆかでは、十分に体を休めることができません。ダンボールのベッドを使えば、体が直にゆかにふれることなく、ゆったりとねむれます。タオルやクッションと組み合わせると、より楽になります。

1 ダンボール箱を組み立てる

ダンボール箱を組み立てる。フタはあけておき、底はガムテープでとめる。

2 内側にテープをはる

底の部分の中心にガムテープをはろう。

内側の底の部分にもガムテープをはり、補強する。

3 ダンボール板を切り取る

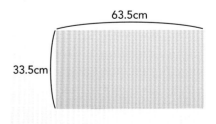

63.5cm

33.5cm

ダンボール板を図のサイズに切り取る。これを6枚用意する。

材料

ダンボール箱（たて52cm×横37cm×高さ33cm）… 8個
ダンボール板
（たて33.5cm×横63.5cm）… 6枚
ガムテープ … 適量

道具

• カッター

ほかのサイズのダンボール箱でもつくれるよ。

4 補強する

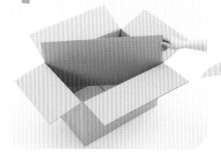

3のダンボール板を、ダンボール箱の中にななめに入れて補強する。

ポイント

横長のダンボール板があれば、図のように折り曲げて入れると、さらに強度が上がるよ！

5 フタをする

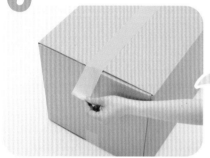

フラップをたたみ、ダンボール箱のフタをとじる。

6 ガムテープでとめる

ガムテープでフタをとめる。同じものを全部で6個つくる。

ポイント

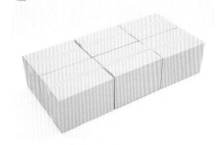

フタをとめなければ、収納スペースにもなるよ。強度が弱まるのであける場合は1箱だけに！

7 土台をつくる

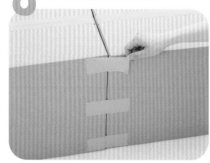

6のダンボール箱をたて2列、横3列にならべ、ベッドの土台をつくる。

8 つなぎ目をとめる

ダンボール箱どうしをガムテープですべてつなぎとめる。

9 ダンボール箱を上に置く

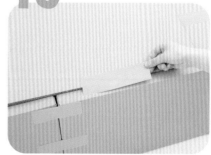

8の上に、ダンボール箱をたたんだまま1つ置く。

10 ガムテープでとめる

のせたダンボール箱をガムテープで土台にとめる。

11 もう1つを上に置く

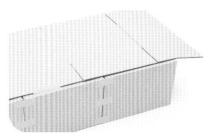

9のダンボール箱のすぐ横に、もう1つのダンボール箱をたたんだまま置く。

12 フチに合わせて折る

土台からはみ出したダンボール箱を、土台のフチに合わせて山折りする。

13 ガムテープでとめる

折り曲げたダンボール箱を、ガムテープで土台にとめて完成。

これもつくろう！

ダンボールマット

材料

ダンボール箱
（たて52cm×横37cm×高さ33cm）… 4枚
新聞紙 … 20枚
ガムテープ … 適量

ダンボール箱が足りないときは、代わりにマットをつくってみよう！

つくり方

1 新聞紙を丸めて開く

新聞紙をすべてくしゃくしゃに丸めたあと、元のように開く。

2 すき間に入れる

1を5枚重ねて、たたんだダンボール箱の間に入れる。

3 ダンボール箱をつなぐ

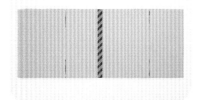

2を2枚つくり、ガムテープで図のようにつなぐ。

4 重ね合わせる

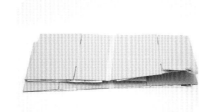

3をもう1つつくって、2つを重ね合わせる。

5 ガムテープで固定する

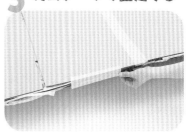

フチをガムテープで何か所かとめて、固定したら完成。

いろいろなグッズにつけたくなる

かざりをつくろう！

グッズをつくったら、かざりをつけてみましょう。ここでは、紙コップでつくるかんたんなバッジを紹介します。グッズにつけるときは、バッジのうらに両面テープをはりましょう。

紙コップのバッジ

材料
紙コップ … 1個
色画用紙 … 適量
マスキングテープ … 適量

道具
● ペン
● はさみ

1 紙コップに線を8本書き、線にそってはさみで切りこみを入れる。

2 切りこみにそって外側に向かって広げる。

3 広げた部分を好きな形に切る。

4 紙コップの底を、色画用紙やマスキングテープでかざりつけて完成。

やってみよう！

紙コップを重ねる！

紙コップのバッジを2枚重ね合わせると、よりはなやかに！

ひもをつける！

1 完成したバッジにプッシュピンであなをあけ、つまようじで広げる。

2 たこ糸をあなに通し、あなから6cmほどのところで結ぶ。

手さげやリュックサックにつけてみよう！

教えて！ 木原先生 災害が起こったら……

災害が発生すると、今までに経験したことのないような
危険やトラブルがたくさん起こるんだ。
だから避難するときは、下で解説しているポイントを
しっかりと覚えて落ち着いて行動しよう！

災害発生時の行動

災害発生時は、自分の安全確保が一番大切です。避難がおくれる
危険があるため、頭と足のけがには特に注意しましょう。

まずは身の安全を守る

大きな地震や強風のときは、あわてて外に飛び出さず、まずは自分の頭をつくえやクッションでかくして守ります。

装備を整えて避難する

避難するときは、くつや防災ずきん、ヘルメットなどを必ず身につけます。頭上や足元に注意して、移動しましょう。

避難時の注意

あせって行動すると、かえって避難に時間がかかる場合があります。あわてず「お・は・し・も」の４つのルールを守って避難しましょう。

おさない

あせって人をおすと、相手にけがをさせてしまいます。絶対にやめましょう。

はしらない

足元に落ちているものにつまずいたり転んだりしないよう、歩いて避難します。

しゃべらない

避難の指示を聞きのがさないように、話をしないで静かに行動します。

もどらない

気になることやわすれものがあっても、絶対に引き返してはいけません。

● 監修者

木原 実 （きはら・みのる）

気象予報士・防災士。

1986年からお天気キャスターとして、日本テレビの番組に出演。現在は
お天気キャラクター・そらジローとともに、同局「news every.」のお天気
コーナーを担当している。2016年度より、日本防災士会の参与に就任。『天
気の基礎知識』(フレーベル館)、『おかあさんと子どものための防災＆非常
時ごはんブック』(ディスカヴァー・トゥエンティワン)など、多くの気象・
防災関連書の監修も務める。

NDC369.3
自分でつくっちゃおう！
かんたん手づくり防災グッズ ②緊急編
監修・木原実
日本図書センター
2022年　48P　26.0cm×21.0cm

● スタッフ

グッズ制作	かまゆみ、むー
取材協力	菅野由美
商品協力	カルビー株式会社
撮影	北原千恵美、溝口智彦、三輪友紀
モデル	中沢美桜莉(クレヨン)
イラスト	まつむらあきひろ
装丁・本文デザイン	山岸蒔(スタジオダンク)
本文DTP	宮川柚希、椎名久美子(スタジオダンク)、丸橋一岳
編集制作	江島恵衣美、坂口柚季野(フィグインク)
編集協力	小園まさみ
企画・編集	日本図書センター

● 担当作品

かまゆみ　P18～19、P32～33、P42～45

むー　P8～17、P24～31、P34～41、P46

● 参考文献

『保存版 防災ハンドメイド　100均グッズで作れちゃう！』
辻 直美(KADOKAWA)
『つくって役立つ！ 防災工作　水・電気・ガスが使えないくらしを考える』
NPO法人プラス・アーツ(学研プラス)
『自衛隊防災BOOK』(マガジンハウス)
『警視庁災害対策課ツイッター 防災ヒント110』(日本経済新聞出版社)
『おうち避難のためのマンガ防災図鑑』草野かおる(飛鳥新社)

自分でつくっちゃおう！

かんたん手づくり防災グッズ ②緊急編

2022年9月25日　初版第1刷発行

監修者	木原実
発行者	高野総太
発行所	株式会社日本図書センター　〒112-0012 東京都文京区大塚3-8-2
	電話　営業部：03-3947-9387　出版部：03-3945-6448
	HP　https://www.nihontosho.co.jp
印刷・製本	図書印刷 株式会社

ISBN978-4-284-00117-5　C8336(第2巻)